Rémy Berriot

Des yeux sur ta bouche

Mémoires de l'Alzheimer II

Éditions Dédicaces

DES YEUX SUR TA BOUCHE.
MÉMOIRES DE L'ALZHEIMER II
par RÉMY BERRIOT

EDITIONS DÉDICACES LLC

www.dedicaces.ca | www.dedicaces.info
Courriel : info@dedicaces.ca

Rémy Berriot

Des yeux sur ta bouche

Mémoires de l'Alzheimer II

À propos de l'auteur

Rémy Berriot est né en 1963.

Par ses écrits poétiques, commencés en 2008, il explore l'infinie complexité de la nature humaine. De par sa profession, il accompagne au jour le jour les personnes âgées désorientées en établissement protégé.

Il sait en outre que la maladie d'Alzheimer n'est pas une maladie ordinaire et que l'accompagnement nécessite des qualités physiques et psychiques importantes.

"Des yeux sur ta bouche" est son dixième livre, et le cinquième paru aux Éditions Dédicaces.

Dédicaces

« L'Amour est une abstraction
Qui a le goût de la violence »

« Prends mes yeux
Et pour la première fois
Envisage le Monde »

Hélène Pommarel : « Jours de grande parole »
La Dragonne Editions

Aux résidents âgés et désorientés de l'EHPAD « Les Fables » pour qui notre accompagnement se doit d'être le meilleur et le plus heureux possible.

Aux soignants qui accompagnent au jour le jour les personnes âgées désorientées et plus généralement les personnes dépendantes.

A Florence, nouvelle soignante auprès de ces personnes qui a bien voulu rédiger une des préfaces de ce livre, qu'elle en soit remerciée.

A ceux enfin, qui ont eu, qui ont, ou qui auront dans leur famille un membre atteint par cette terrible maladie. A eux, je leur dis qu'ils ne sont pas seuls et qu'il existe des solutions pour mettre un peu de soleil sur la bouche de leurs aînés.

Présentation

De temps en temps
Je pense à vous
De temps en temps
Je vous oublie

Et puis…
Le soleil est remplacé
Par la pluie

Une sorte de gris permanent
Glacé et pénétrant

Dommage !
On ne se rappellera
Plus de vous, souriant

« Des yeux sur ta bouche » est la deuxième partie de « Mémoires de l'Alzheimer »

Après « La barque de vie », paru aux Éditions Dédicaces, l'auteur continue à explorer par la poésie l'expression multi facettes de cette terrible maladie.

En tant que soignant, l'auteur ne doit pas déroger à la règle : Ne pas trop s'impliquer émotionnellement et affectivement auprès des personnes démentes.

Mais rien ne lui empêche d'exprimer par l'écriture ce qu'il ressent en lui mais aussi ce qu'il se passe au plus profond de la personne soignée elle-même.

L'autre partie de ce présent recueil : « Un phare sur les lèvres » révèle l'extraordinaire potentiel restant entre le soignant et la personne accompagnée : provoquer de petits instants de bonheur…

Reviens dans mes pensées que je forme ton corps
Reviens dans mes pensées comme un phare dans la nuit
La maladie d'Alzheimer est comme un fruit trop mûr qui finira par tomber

Introduction de Rémy Berriot

Aujourd'hui, il n'est pas possible par une médication chimique de soigner efficacement et durablement les personnes atteintes de la maladie d'Alzheimer. Tout au plus, on peut éventuellement la freiner.

Reste le soin non médicamenteux.

C'est un domaine de nos compétences, nous, soignants qui exerçons au jour le jour en milieu protégé.

Tout est prétexte au soin : du physique, de la communication, de l'animation ludique, festive ou encore manuelle ; encore faut-il trouver un environnement sain et accueillant pour mettre en pratique ces méthodes.

La personne désorientée a tendance à s'isoler. Et plus cet isolement s'accroît, plus la communication verbale diminue. La parole ne peut plus advenir. Le silence la retient. Il nous faut porter secours à cette parole prisonnière. A nous d'adapter au fil des jours un environnement où cette personne pourra s'exprimer librement, psychologiquement, pour obtenir dans les mesures acceptables un bien-être le plus durable possible.

Mais pour cela, le soignant doit avoir en mémoire que le soin est la somme de plusieurs savoirs : le savoir sémantique, le savoir pratique, le savoir être et enfin le savoir percevoir. Alors que les deux premiers s'apprennent dans les livres et par l'expérimentation, les deux derniers sont internes à la personnalité du soignant.

Ces deux derniers savoirs sont à la base de ce livre. Comme dans le premier opus (La Barque de Vie – Editions Dédicaces), il ne s'agit pas de tout savoir sur cette maladie (on ne sait pratiquement rien), il s'agit d'adhérer à une philosophie de l'empathie indispensable pour un bon accompagnement. Et ce n'est pas facile.

Ecrire de la poésie sur la maladie d'Alzheimer a été un moment d'apaisement. Extraire les émotions négatives pour qu'elles perdent de leur puissance est nécessaire pour un bon équilibre psychique. Nous, soignants, nous sommes mis à rude épreuve. Dès que l'on sort des normes admises par le plus grand nombre, se produit une tension interne naturelle. Ce n'est pas « normal ».

Il faut s'ouvrir à ce nouveau monde et ce livre est un acte d'émotion, passionné et direct, sans concessions.

Un jour en Automne

Les feuilles ont perdu
Leur lumière
Les nuages perlent
A travers les maisons

La mort d'une fleur
La mort d'un nom...

Peut-être

(A JEAN D.)

Préface

Sensibilité humaine sont les premiers mots qui me viennent à l'esprit pour décrire la personnalité de Rémy. Que ce soit ses histoires pour les enfants, ou sa poésie pour une audience plus mature, Rémy sait nous toucher droit au cœur. Sa profession d'accompagnant auprès des personnes atteintes d'Alzheimer a exacerbé sa créativité.

Confronté au jour le jour, jour après jour, à ces personnes dont le monde à basculé lentement dans l'incompréhension de nos modes de vies, Rémy a su capter le désespoir et la souffrance de leur entourage, de leur famille et plus encore de leur époux ou épouse. En filigrane, sous ses mots, il sait susciter cet espoir : celui d'une fenêtre qui s'ouvre sur un monde certes incompris mais dont chacun d'entre nous, avec patience, peut accéder.

Dans *Pulsation*, Rémy écrit :

> *« Le silence est essentiel*
> *Prendre le temps*
> *De l'écouter*
> *C'est si rare*
> *Et puis... »*

L'important est ici décrit : le temps et l'écoute...

Prendre le temps qu'il faut consacrer aux familles pour les aider à accepter la déchéance d'un proche. Prendre le temps d'écouter les personnes atteintes de cette maladie, les relier à leur passé, engager une connexion pour faciliter une relation dans le temps présent, dépend de la patience que chacun peut investir dans ce rapport humain.

Dans ce poème, Rémy nous sensibilise à la perte du temps présent :

Nuits après jour
Que chasse l'oiseau
Où le soleil se pend
Sur une goutte d'eau
Quels sont les mots
Qui meurent
Lorsque tu les prononces ?

Oui ces mots que l'on dit, dans l'instant présent, et qui dans les secondes qui suivent disparaissent, comme décrochés d'une minute d'intention. Moi-même assistante de vie, je suis confrontée à des personnes qui ont, soit perdu leur autonomie ou sont atteintes d'Alzheimer. J'ai eu le plaisir, la chance, peut-être un mot inadéquat, mais réaliste de vivre une scène extraordinaire, extraordinaire d'un amour qui dure depuis soixante ans dans ce couple dont je m'occupe. Lui, ancien docteur et elle atteinte, à 95 ans, d'Alzheimer. Lui ayant perdu une partie de sa mobilité, elle, mobile, mais ayant perdu sa relation avec le temps présent. La première fois que je l'ai rencontrée, elle ne voulait pas prendre son bain… Alors une chose étonnante s'est produite. Je me suis mise en retrait. Et là, comme un huis clos, il a posé ses mains sur ses épaules. Il l'a regardée dans les yeux, et avec tout l'amour que ces années avaient cimenté entre eux, il l'a convaincue... Des mots, des regards, des gestes pour la rassurer, pour lui donner un sens à sa vie dans l'instant, maintenant.

Un jour, il m'a dit : « Je vous la laisse – Je m'absente pour aller jouer à mon club de bridge ! Tout ce que je veux, c'est qu'elle soit vivante lorsque je reviens ».

C'est exactement dans ce passage extrait de La barque de vie et du poème *La violence du calme* que j'ai retrouvé ces sensations d'amour.

Sa mémoire
Précédait sa naissance
Et voilà qu'aujourd'hui
Elle danse
Dans sa tête
Elle danse ses rires
Et ses chagrins perdus

Voilà ce que Rémy infuse dans sa poésie. L'amour de l'autre. Et le talent de Rémy ne se limite pas à la poésie ! Son talent artistique c'est aussi le piano et il organise des journées musicales où les « anciens » se reconnaissent dans leur musique, dans leurs chansons datant des années 20-50 C'est aussi la peinture. Autodidacte, il a mis sa passion au service de ses résidents.

Rémy a organisé une journée en novembre, où ils ont pu produire leurs œuvres. Pour citer Rémy : « Merci aux résidents d'apporter des couleurs dans le gris de leur quotidien »

Florence Mühlebach-Chater
Winchester – Royaume Uni

Vertige

Je suis l'arbre et le ciel
Je vis
Je meurs
Autour de moi
L'obscurité et le silence

Dans le vertige du soir
Un corps allongé
Grand, démesuré
J'en suis sûr maintenant :
Les âmes traversent l'hiver
Puis ressuscitent

(A Jean D.)

La fleur piétinée

La fleur piétinée
Les remous du sang
Tout ça
Un mélange terrible
Dans mon cœur
Un cri

Une mauvaise ronce
Déchirement
Mes bras sont sous la neige

Envolée de l'ange
Envolée de la flèche
Renversement des ténèbres
Dieu assaille mes yeux
Les jours denses

Les cornes de la bête

Je sais maintenant
Que je peux couper
L'eau en deux

Que je peux renverser
Les cornes de la bête
Mettre ma main glorieuse
Dans les flammes

Ma maison est loin

Sentir la Lune

Je ne sais plus
Où est la Lune

La forêt palpite
Je la sens tout près
Vent froid
Qui crache son venin
Perdition

Le sang des cardères

Les cardères sont fanées
Tout est mort
Sur le chemin
Une araignée
Vient se cacher

Sous ma main

Une neige est tombée
Battante et lourde
Je me mange
Par petits bouts
Sanguinolents

Café noir
Sans sucre
Reste quand même
Un peu avec moi

C'est lui

On le dit fragile
Comme un reflet sur l'eau
On le dit cassant
De ses mots non voulus

Si bien qu'au demeurant
On le laisse
Epuiser son âme volubile

Je l'attends
Au bout d'un fil
Qu'on appelle force
Le moyen de rentrer
Dans moi

Le deuil blanc

Ecrire
Pour soulager
Des lettres à mon compagnon
De route

Là sans être là…

Un livre à la main
Sans le lire
Mais le déchirer
Rechercher la matière
Aller à la source
De toute chose

Enfin
Tester le silence
S'asseoir face à lui
Sans rien faire d'autre

Les vitres cassées

Distance folle et meurtrière
Vas-tu encore grandir
Ton émoi ?

Je ne suis plus si tranquille
Quand tes mots incompris
Cassent les vitres
Et tes doigts

Je garde le silence
Aussi brillant
Qu'une étoile lointaine
Sur un torrent boueux

Et je ris
Comme ça, je ris
A ne savoir pourquoi
Suis-je fou
Ou bien sur le départ
De toute chose ?

Le rêve

Je fais souvent
Ce mauvais rêve
J'arpente une ville inconnue
La nuit

Je me surprends
A observer les fenêtres
Obscures

Et tout à coup
Brève lueur :

Le change de quatre heures !

Moi

Moi,
Qui me lave le visage
Qui me lave du matin
Qui me lave du soir
Mon visage est nu
Il est moi
Dans ce qui est
De terriblement humain
Tu me donnes la main ?
Des yeux
Qui semblent regarder
Au loin
Une flamme irrésolue
D'un rivage s'éloignant
S'éloignant...
Mes mains
Qui tremblent
Comme la feuille
D'un arbre qui va bientôt
Tomber
Un cri
Pour résister
Un sourire
Pour exister
Voici mes armes
Une plume
Vient de se poser
Dans un délicieux
Vacarme

Le travail de verre

Fragmentation
La mort est complice
De ta dégradation
Présence de l'autre
Au secours de toi

A la tête
Crie bon sang
Avant, j'étais limpide
Maintenant,
Je suis lourd
D'une eau à verse

Océan de sable

C'est beau
De dessiner la vie
Une peinture inachevée
Mais heureuse
Comme moi
Je peux l'être

Quoi faire ?
Je ne le saurais pas
Dans ce désert là-bas
Ou
Dans les entrailles de la Terre

Tout ce que je sais
J'ai encore faim de toi

Encore une

J'ai eu
Encore du mal à dormir
Cette nuit
Ma peau brûlait
Contre un ramassis
De draps froissés et effrayants
Au dessus de moi
Cet orifice nocturne
Béant et taciturne
J'ai vu mon dos
Se tordre plusieurs fois
La nuit charrie
L'eau boueuse des jours
Les yeux collés
Par mes larmes séchées
Seule la pluie
Seule la pluie violente
Éteint ce vent dans mon cœur
Mes yeux se sont ouverts
Quatre heures !

Rappel paternel

Premiers pas
Léger sur l'eau
Pierre après pierre sur l'eau
Pierre sous mes pas
Pierre sous mes pas, quatre ans
Mes pas ont quatre ans, tout petits
J'ai peur de tomber
Surtout de faire peur
Aux carpes dorées entre les pierres semées
Ensorcelées
Attention, petit enfant
Tes pas sur le pont de bois
Petit pont de bois
Ovale sur l'eau
Petit pont de bois couché
C'est ton papa
Qui t'aide à faire
Tes premiers pas
Va découvrir le Monde
Mais avant : "Suis-moi"

Les trous dans la tête

Ça m'agace
Les trous
Que j'ai dans la tête
Je n'aime pas être
Un légume

Si je ne trouve pas
Mon père et ma mère
J'aurai tout perdu
Où diable sont-ils passés ?

Ma tête
Je la sens partir
Il n'y a pas un médicament
Par hasard
Pour qu'elle reste ?

Par terre

Quel est
Ce liquide
Qui tombe
De ma culotte ?
Ce n'est pas à moi...

Je m'appuie sur le vide
Pourquoi je suis là ?
Je suis en punition ?

Si je dis des gros mots
Vous avez le droit
De me mettre une claque
Tenez, je retire
Mes lunettes

L'opinion

Je n'ai pas
Une bonne opinion
De moi
Je suis un vieux con…
Tribuable !

Ferme ta gueule
Connard
Le connard, ce n'est pas vous
C'est moi

L'idée

Je retourne chez moi
J'ai mis mon manteau
Mes chaussures
Mon bonnet

Au revoir,
Je repars chez mes parents
A Neuilly

Dites-moi, monsieur
Par où je peux sortir ?

La perle

Je suis un arbre
Qui monte au ciel
Avec ses puissantes racines

Je suis l'averse
Eclaboussant la torche
Dans cette nuit aride

Pour récolter les cris
Récolter les terreurs

Jours après nuit
Frères après sœurs
Où je sais tout par cœur

Nuits après jour
Que chasse l'oiseau
Où le soleil se pend
Sur une goutte d'eau

Quels sont les mots
Qui meurent
Lorsque tu les prononces ?

Les repas

Quinze fois, vingt fois
Trente fois, cent fois :
« Les portages de repas sont arrêtés ?
Parce que on ne dira pas
Il n'est pas là, on peut aller voler
Chez lui

...

Je vous l'ai déjà dit ! Ah !
Excusez-moi, ça me travaille
Vous savez !... »

(A René C.)

A la longue

Comment tu fais
Mon amour
Comment tu fais
Brûler le jour

Le soir…

Comment tu fais
Ma vie
Comment tu fais
Eteindre l'incendie

Les autres…

Comment tu fais
Mon cœur
Comment tu fais
L'ardeur

Comment tu fais
Pour m'aimer
Comment tu fais
Me détester

Crever les yeux

De l'indifférence
De maintenant
Comment tu fais
Dorénavant

Parler mes larmes…

Comment tu fais
Eternellement, demain
Comment tu fais
Mauvais refrain…

Le côté obscur

J'ai peur du jour
J'ai peur de la nuit
J'ai peur des autres

Vont-ils me taper dessus ?
Me dire des mots
Que je ne comprendrai pas

J'ai peur de toi
J'ai peur de moi
J'ai peur du soir

Un serpent dans mon lit
Un homme sur le sol
Un vrai terrorisme de la nuit
Est né, sans auréole

Tapi là, dans l'ombre
Qui me gratte le dos
Un peu trop fort

J'ai peur d'une trop grande douleur
Toi qui est si loin de moi
Toi qui ne m'a pas laissé ta joie

Il n'y a maintenant
Plus de gens qui m'aiment

Et vous ?

Un, deux
Trois, quatre,
Cinq
Un pied

Six, sept
Huit, neuf
Dix
Deux pieds

J'ai deux pieds
Et vous ?

Cela me fait du bien
De compter, vous savez

Un, deux,....

Préparation

Après avoir vu le soleil
Il faut en témoigner
Même la mort venue
Une très étrange douceur
Persiste

Je m'accroche aux épines
J'attends le vent
Pour essayer simplement
De vivre

(A CHRISTIAN BOBIN)

Pulsation

Le silence est essentiel
Prendre le temps
De l'écouter
C'est si rare
Et puis…

J'écoute enfin la pluie
J'écoute mon cœur
Chaque goutte
Est pareille au battement
De mes veines

Présence

Il n'y a pas
De définition précise
De la solitude et de l'amour

Une définition
C'est figé, c'est ferme
C'est cloisonné

J'ai su
Que tu étais devant moi
Et pourtant, il n'y a personne
Es-tu vraiment venu
Me voir ?

Viens tourner
Les pages de ma vie
Pour qu'elles reviennent
Dans mon esprit
Juste le temps
De ta présence

Va et viens ultime

Tu t'abîmes
Illuminé d'un sourire
Ou d'une douleur
Tu brûles
Sur ton lit
Ou dans ton fauteuil

Que veux-tu ?
Les flammes passent
Par les roues
Un souffle chaud
Que tu amasses
Chaque jour encore plus

Encore plus…

Ce que tu veux
Un peu de miel
Dans cette flamme
Une douceur
Dans chaque jour
Entre les épines des draps

Tes pieds
Se dérobent encore
Tes yeux se ferment
Sorte de somnolence
Explosive :

« J'ai mal !
Ca va !
J'ai encore mal !
Je ne sais plus ! »

Tu es au bord du gouffre
Tes pieds et tes mains
Sont en bois
Tes yeux noirs
Ne se ferment plus souvent
Dans tes nuits interminables

Cruauté de la Vie
Beauté de la Vie
Avant de tomber…
Tu t'abîmes

Un sourire sérieux

J'ai quel âge
Aujourd'hui ?
Je suis né en 1930
Je ne sais plus quel jour
On est
Seuls mes cheveux blancs
Me disent que je suis vieux

Oh, ce froid de l'automne
Me sépare d'un bon feu

Tiens moi la main
Tu veux ?
J'ai besoin de sentir
Que j'existe
J'ai besoin du soleil
Moi qui ne se pare
Que de gris éternel

Tout ce que je peux t'offrir
Des chardons, des orties

Moi qui n'a plus
De sourire sérieux
Moi qui n'a plus
De cadeaux dans mes yeux

Le miroir

Ce n'est pas moi
En face
C'est l'autre
Dont je ne sais plus
Le nom

Quelquefois
Il me fait rire
Quelquefois
Il me fait peur

C'est comme un trou
Dans le néant

Je laisse la place
Au serpent
Qui passe par
Mes yeux

C'est comme un trou
Dans le feuillage
Où j'ai vu
Le lézard venimeux
Où j'ai vu
Celui qui m'emportera

Il est déjà derrière moi

Bientôt
Il faudra me cacher
Pour ne plus jamais
Le voir

Je tremble

La neige s'étend partout
Renvoie la lumière
Mes yeux tout à coup
Prennent peur
Mes pores germent sans cesse
Des gerbes de sueur

Mes yeux
Oh, mes yeux
Que le futur vent d'hiver
Découvre
Ce jour même
Un tremblement est né

Bourrasque
Détruisant le corps, un cri :
Les feuilles fanées
Une dernière fois, rient

Ma tête se lève
Le ciel est blanc
Je remets un manteau

La peluche

Je ne sais plus
Rien faire
Ou bien, moins qu'avant
Ou bien, n'importe quoi
Je me replie sur moi
Par ce vent

Au secours
Hier encore
Je te connaissais
Hier encore
Je te faisais la bise
Qui es-tu maintenant ?
Qu'on me le dise !

Mon chat me suit partout
Dans ma poche
Sur mon lit
Oh ! Quelle sale caboche
Que je suis
Qui détruit tout

Fais-moi sortir
Je m'ennuie !

(A GINETTE M.)

Primula Automnale

Ce matin,
Je pars, je reviens
Je ne suis jamais partie
Tiens-toi bien :
Surtout quand je souris
C'est comme une fleur
Qui s'ouvre lentement
Qui fleurit même en Hiver
Quand je t'embrasse tendrement
Mais, même une fleur
Flétrit
Alors, je t'aime jusqu'au bout
De la Vie

Et peu importe
Le temps qu'il fait
Maintenant :

Je sais que l'on est
Toujours au Printemps

Les autres personnes - Paroles

Elles ne bavardent
Pas beaucoup
Il y en a
Qui ont près de mille francs

Mes enfants voudraient
Que je recommence
Je suis pas chaud

Il y a une chose
Il y a un petit chat

Les dames sont vieilles
Elles sont vermoulues

Attention !
Celle-ci, elle mord !

Sans bruit

Une fois
Que je suis
Dans mon eau sale

A quoi bon
Me laver

J'y suis désormais
Pour toujours

Je ne peux
Ni vous entendre
Ni vous répondre

Par cette chute lente
Sans douleur
Et sans bruit

Je suis dans un monde
Où le présent patiente
Où l'avenir périt

Et cette pataugeoire nauséabonde
M'engloutit inlassablement
Et sans bruit

Sur les murs

Depuis qu'elle est morte
Elle va beaucoup mieux
Mais avant, le neuroleptique !
A la vôtre !
Ne la cherchez pas
Elle est à l'ouest

C'est fou
Comme le hasard
Défait bien les choses

Elle se laisse faire
A présent
Complètement
Elle laisse son corps
Son argent
Sa tête
Sa merde
Après l'avoir tapissée
Sur les murs de sa chambre

Allez, soignant !
Lave-moi bien entre les cuisses
Avant d'affronter
Ce nouveau jour…

La clarté

Si on recommençait
A l'envers ?
Peut-être m'y retrouverais-je

Il fait noir
Je vais mourir ?

Non, c'est juste la nuit

Je vais naître demain
Encore une fois
Combien ?

Soirée d'Octobre

Dehors
Ivresse solaire
Feuilles dorées
Sur les troncs parallèles
A moitié dénudés

Dedans
Il prit sa serviette de table
Avec elle, il entoura ses couverts

Il mit le tout dans la poubelle
Il oublia de me dire merci

A quoi bon
Il ne me connaissait pas

Il prit un livre
Puis il se mit à lire

Et plus rien
N'existait
Autour de lui

Frissons

La maladie que j'ai
Me fait vomir
Me condamne éternellement
A sursauter
Au moindre bruit

La maladie que j'ai
Me fait tomber
Encore et encore
La Lune est froide
Du côté noir de la Nuit

Le chien

Toujours dans l'ombre
Ses dents étincelantes
Brutales et transpirantes
Aiguisées d'ardeur
Sont prêtes

A se planter
Dans mon cou

Ce n'est pas
La première fois
Que je sens
L'odeur de la peur
M'envahir doucement

Deuxième partie :
un phare sur les lèvres

« Et voici qu'en effet le miracle s'est produit :
Mille drapeaux blancs sont déployés tout à
coup, qui attestent non d'une capitulation,
mais d'une victoire… »

F. PONGE « PIÈCES »

« Si son regard te dit : Je t'aime, alors, ta
journée sera gagnée »

Bonjour

Les yeux brillants
Les joues tendues vers moi
Elle accourt
Elle a reconnu mon corps
Elle a reconnu ma peau
Elle a reconnu mes lèvres

La journée est bien commencée

Le rimmel

Je n'écrirai plus rien
Je fouillerai au fond
De ta gorge
Je creuserai ta mémoire
En un souffle ébloui
Effaçant le noir de l'ombre
Que trouverai-je
Au fond de tes yeux ?

Neuf heures trente

Je vois son ombre
Là-bas
Je vois qu'il dort
Mais son âme est éveillée

Je m'approche
Je me baisse à ses yeux
Rien

J'effleure sa main
Je viens d'allumer
L'air et le feu

Mes mains parlent
Je viens de réveiller
Ses paupières

Mais surtout
Je viens de réveiller
Son sourire

« Je viens »

Plier la Vie

Je ne peux consentir
A la solitude et l'effroi
Il faut que je parle !

Il y a encore tant à vivre
M'entends-tu

Je suis encore prêt
A affronter la rencontre
Ce quelque chose
Qui brille sans savoir
Pourquoi

Je suis raide
Et alors…
Donne-moi un chemin
D'herbe épaisse
Même la chute
Me fera sourire
C'est vrai

Des forces nouvelles
Me sont venues

Rien qu'en te parlant
Je chante
Des chansons
Que tu comprends

Avant le lit

Non
Pour moi
Pas de soupe
Ce soir

Servez-moi
Ce que j'aime
Un regard
Une caresse
Deux madeleines
Et du lait chaud sucré

(A Isabelle H.)

Destinée

A la fin de ta vie
Les étoiles changeront
Quand tu t'éloigneras
De ceux que tu aimes

Au vent portant, au vent pleurant

Des bateaux glissent
Sur les mers de toujours
Des larmes tissent
Le regret des amours
Le sable crisse
Sur le gel des beaux jours

Vagues hautes, aux phares
Se brisent
Vagues basses et amères
Imperturbable quotidien de la mer
Et de la vie
Sache que l'écume n'est rien
Et que l'eau est tout

Et même si le ciel devient roux
Crie bien loin mes paroles
Et mes maux
Emportés par le vent
Et les oiseaux

Qu'elles ne soient pas vaines
Qu'elles soient connues
De tous les capitaines

Au vent pleurant, au vent portant

L'envol

Au commencement du corps
A la fin de l'océan
Les vagues s'échappent
Et meurent sur leur lit de sable

Le jardin fragile
Laisse une ombre
Au paradis
Tel un chant de la nuit

Le temps des villes
Aplanit la mémoire du vent
Au guetteur mélancolique
Qui attend lentement

Le déclin des oiseaux

Le temps des villes tentaculaires
Absorbant l'émotion
Pour en faire sortir
La flamme de la colombe

La sève

Les genoux à terre
Au pied de l'arbre qui meurt
Femme feuille veille

Au creux de ses veines
Perlent des gouttes de cœur
Repliant la tige

Sur l'herbe amie
Elle trouve consolation
Près d'elle posée

La porte se ferme
Adieu miroir déformant
Le corps du soleil

Doux réveil

Je dors parfois
Dans les ronces

Un jour
Je n'avais plus mal
Je me suis rappelé
Qu'un rayon de soleil
Avait frappé à ma porte

C'était ta main
Sous ma tête
Pour me dire

« Le petit déjeuner est prêt ! »

Au coucher

J'ai changé tes draps
Quelqu'un d'autre que toi
Avait dormi dans ton lit

Il était encore là
Tu avais très peur
Tu tremblais

Loin de la cruauté naturelle
Des choses
Tu t'es enfin recouché

Seul ton sourire
Dans mes mains
Semblait me dire :
« Tout va bien »

J'ai éteint la lumière
Tu m'as dit : « A demain »

Chaleur (1)

Hachoir d'échine
Nuque fendue
Du poids de ton baiser

Chaleur (2)

Au creux de tes ruelles
Ma peau s'est craquelée
Dans un nuage bleuté

Quelque fois, je pense à toi

Oui, à toi
Le jour
Oui, à toi
La nuit
Même si les jours pleurent
En décembre
Même si les jours rient
En Juillet

Et si

Je n'ose pas
Ouvrir ma bouche
Je ne sais pas les mots

J'ai su

Mon cœur n'est pas dément
Vois-tu
Il arrive à fondre ma bouche
Mais elle s'ouvre
Sur le silence

Je ferme les yeux

Un diamant coule
Puis deux, puis trois
Ma fortune est pour toi

Mais tu ne m'entends pas

Chut !
Tais-toi…
Je veux écouter mes bras posés
Sur ton cou

Les amours passent, les amours viennent... Mais seules les fleurs sur les cartons restent éclatantes

Presque l'ombre
Presque la nuit
Presque la mer se noie
Dans sa mélancolie
On entend les vagues
Encore et encore
Destin cruel que le ressac
Qui vous prend dans ses bras
Ondulation du sable
Courants chauds
Courants froids
Laisse du temps
Et meure à table
La nuit étend ses bras
Ma peau travaille
Se creuse un peu plus
Qu'ai-je retenu aujourd'hui ?
Et toi, mon père
Qui a les yeux ardoise
Qui me regarde de l'autre Monde
Qu'as-tu vu de Dieu ?
Les arbres penchent
D'un mauvais vent
D'un vent hurlant
Ma peau se tranche
Où sont mes rêves d'antan
Tombés dans des trappes intérieures
Tombés dans un puits noir
Où même la mémoire
Ne pourrait les chercher...

Je regarde le point brillant
Là-bas.....

Le sel de l'Âme

Aujourd'hui, tu as pleuré
Aujourd'hui, tu as ri
Aujourd'hui, tu as crié
Et puis, tu m'as souri

C'est quand même bête
La Vie
Après la pluie, vient le beau temps
Le bonheur est avant toute chose
Que du chagrin qui se repose

Ce chagrin
Qui rajeunit la pluie

Horizon

Un cœur remplit d'atomes
Qui s'ensevelit doucement
Sans bruit
Sans aucun pleur des autres
Tout s'enfuit

Une arrivée d'oiseaux
Crie une dernière fois
Le souhait à ce cœur
De dormir, de partir
Doucement, infini

Rencontre

Collectionner
D'hypothétiques rencontres
Mes doigts te demandent
Mes doutes enchaînent mes joies
Mes yeux te prient
De traverser l'épaisse cathédrale
De ton corps en étreinte
Pour que la joie exulte
Pour que les barrières tombent

Et de sourire
Au néant qui s'en va
Pour une fois

Et d'éclairer mes yeux

Il nous faut rire
Et sourire
Cela nous empêche
De mourir

L'école

« Où es-tu Maman ?
Je dois partir pour l'école
Mes devoirs sont prêts

- Je ne suis pas ta maman
Je suis ta fille
- Je n'en ai pas
Je suis trop petite
- Tu as quatre vingt dix huit ans
- Mais non, j'ai dix ans et demi
Où es-tu, Maman ?

Quant à toi
Je ne te connais pas
Sors de chez ma maman »

Deux grosses larmes
Coulent
Mais déjà, ma main
Prend sa main
Alors ses yeux rougis
S'éclairent
Sa peau a reconnu
La mienne

Table des matières

www.ingramcontent.com/pod-product-compliance
Lightning Source LLC
LaVergne TN
LVHW021617080426
835510LV00019B/2624